ÖZGÜR OVACIK

OTOBİYOGRAFİ*

GÜNÜNÜ, yılını, hele saatini bilen yok doğumumun
bilinmemesi de normal, ne de olsa köylü çocoğuyum
toprağa doğduğumu biliyorum, hazanlardan bir gün olmalı
yaprak yaprak üşüdüm...
Çorum/ 1960 mart 27
böyle söylüyor doğumumu nüfus cüzdanım
ailenin en son çocuğuyum, ben doğmadan ölmüş iki büyüğüm (...)
(...)
Bütün kuşları bilir tanırım sanırdım çocukluğumda
çamuru, kar-kışı, yokluğu bildiğim gibi...
martı kuşunu 18'imde gördüm, dolayısıyla denizi de
uçsuz bucaksız bir deryaya düştüm sandım
şaştım küçüklüğüme ve hiçliğime, şaştım kendindeliğime (...)
(...)
İlkin kitaplarda okudum faşizmi
'980 sonrası iliklerimde duydum, 40 günlük açken haykırdım
faşizmin babası olarak bilirdim Hitler'i
babalığa soyunan ne çokmuş yeni öğrendim...
ölümden korkmadım da dost ölüsü görmekten korktum en çok
(...)

* *Ufka Verdim Gözlerimi* adlı şiir kitabımdan, Belge Yayınları 1994

1990 yılı Petrol-İş Sendikası'nın düzenlemiş olduğu şiir yarışmasında "Kara Bir Eşarp Kaldı Benden Geriye" adlı şiiriyle birincilik ödülü sahibi. *Etos-Evrensel Sanat Kültür Evi*'nin 1992 yılında düzenlemiş olduğu öykü yarışmasında Onur Ödülü sahibi. Çankaya Belediyesi'nde çalıştığı dönemde *Kent ve Edebiyat Dergisi* yayın kurulunda görev aldı ve derginin yayına hazırlanmasında sorumluluk üstlendi. Çeşitli dergilerde şiirleri ve yazıları yayımlandı. Bazı şiirleri, Umuda Ezgi Grubu ve sanatçı Ahu Sağlam tarafından şarkılaştırıldı.

Ovacık'ın Yayımlanmış Eserleri:

Eğer Sevmek Hâlâ Onursa (Şiir, Gözlem Yayınları)
Ufka Verdim Gözlerimi (Şiir, Belge Yayıncılık)
Aynı Göğün Öyküsü-Suretimiz Mamak (Anı-Belgesel, On Yayınları)
Dönüşü Yok Düşlerimin (Şiir, Kum Yayınları)

Kurgu Kültür Merkezi Yayınları
Genel Yayın Yönetmeni
Alaattin Topçu

ISBN: 978-605-2195-31-4

1. Baskı: Ocak 2019

Genel Dizi: 431

Kapak Tasarım
Şafak Özgü

Baskı ve Cilt
Net Ofset
Necatibey Cad. Lale Sok. No: 21/27
Maltepe/Ankara
Tel: 0312 230 07 23

Kurgu- 1 Gıda Basın Yay. San. Tic. Ltd. Şti.
Fidanlık Mah. Sakarya Cad. Adakale Sok.No: 24/A
Kızılay- AnkaraTel: (312) 419 54 85
www. kurgukulturmerkezi. com
E- posta: kurgukulturmerkeziyayinlari@gmail. com

ÖZGÜR OVACIK

ÇOCUKLAR BİLE KURBAN

Şiir

KKM YAYINLARI

İçindekiler

Bir Ucum Sana Bağlı * 7
Gözlerin Gözlerimde * 8
Bir An * 9
Ey Güzel! * 10
Deli Divane * 11
Ateş Topu * 13
Bu Nasıl Dünya? * 14
Deli Yüreğim * 15
Son Damla * 16
Dokunuş ve Dil Burması * 17
Ankara Dolusu Bir Aileyiz * 19
Elim Kalkmaz Aşk Bu * 21
Aldanmışım * 22
Koynunda Uyut Beni * 23
Adı Quantra * 24
Ses Ver * 26
Öpücüklere Boğalım Birbirimizi * 27
Gecede Yakamoz * 28
Yıldızlı Yumruklar * 29
Mendilim ve Acılar * 30
Mozaik Taşında Küllenen Aşk * 31
Ölüm Yeşil Bir Yaprak * 34
Mahpusun Olayım * 35
Berkin Uyan! * 36
Sayıklama... * 37
Bir Damla Gözyaşı Kumaştaki! * 38
Canımdan İçre * 42

Gölgemde Boğuldun * 43
Ölesiye Bir Kış * 48
Kaşları Kartal Kanadı * 49
Soma'ya * 52
Fıtratımız * 54
Yine * 55
Bir Ömür * 56
Yol Yakınken * 57
O Dile Kurban * 58
Gencecik İnsanlar * 59
Aynalar Kapkara * 60
Tarık Akan'a... * 62
Çalakalem Yazdıklarım * 63
Sen Gitme * 67
Bir Çocuk Daha... * 68
Seni Böyle... * 74
Ne ki... * 75
Deli Divane... * 76
İkinizin de... * 77
Özgecan'a... * 78
Çocuklar Bile Kurban * 79
Kavganın Ortasında * 81
Gülmek ve Ağlamak * 82
Kaptansız da... * 83
Bir Ömür On Dakika * 84
Bütün Zamanlar Adın Olurdu! * 85
Bir Deli Sensizlik... * 86

Bir Ucum Sana Bağlı

Seni mavi sadeliğinle sevdim
mağrur delişmenliğinle
içimdeki ateş sönmez gözlerine değmeden...

Seni sokakların coşkusunda
gaz bulutların ortasında sevdim
meydanlarda...
sevildin ay oldun
güneş oldun
sevdim seni ey güzel
ay aydınlık gecelerde benim oldun...

Gökyüzünde uçurtmayım sanki
pır pır eden yüreğimle bir ucum sana bağlı
bir ucum gözlerinde sevda sanrısı...

Dipsiz uykularda şimdi çocuklarımız
zalime aman dilemez delikanlı çağları...

İçime kanıyor bütün sevdalarım
bütün sayfa yaprakları senin adın
sana çıkıyor bütün sokaklar...
ve terk ediyorum bu kenti ansızın
cebimde uçurtmanın kırık kanadı...

Gözlerin Gözlerimde

Seni not ediyorum defterime
gözlerin gözlerimde hep
bırak git öylece
bana ait ne varsa yaşanan
seni sevdim sadece sana rağmen hem de
bir yanı kırık da olsa bu aşk
sadece bana ait...
sahiplendim ve hazırım sonuna kadar
savunmaya seni ben.

Bir An

Aşk bu
aşk bu aşk
çocukça duygularla kahkahalardasın bir an
bir an delikanlı sevdalarda
kan revan
damarlara sığmayan isyanlarda...

Ey Güzel!

Senin gözlerin mavi...
yoksa ela mı?
bal rengi mi senin gözlerin...
yoksa başa bela mı?
bela olsa ne çıkar, ey güzel!
sımsıkı sakladım seni
hem de kalbimin ücralarına...

Deli Divane

Sen yoksun şimdi
kuşlar da gitti
pır pır eden yüreğim küstü
sen gittin
sokaklarda şimdi aşk
deli divane...

Sen gittin ela gözlerim sensiz
öksüz ve yetim
ben sensiz...

Sen gittin
meydanlar bir garip sessizlik
boğuluyorum şimdi bir avuç deniz bedenim
yüreğim hem de çıldırasıya sensizlik!

Sen gittin
mıh gibi yerinde akrep ve yelkovan
sen gittin
sır'ımsın kendimden bile gizledim seni...

Duymayan kalmadı yine de
gecelere ünledim adını sen gittin ya!
maviye kesti geceler...
mağrur bir mahzunlukta şimdi adını ünlediğim ay...
sen gittin
kabullendim bir yağmur damlası gibi gidişini
ürperten bir serinlik!

Bağırmadım
yüreğime sığındım yine
kimseyi yardıma çağırmadım
dışarıda delikanlı sloganlar
ve içimde yaralı bir kuş var...
sen yoksun
yeşil bir yaprak düştü dalından
bütün mevsimler sonbahar...

Sen gittin gideli ey güzel
bedenime yerleşen koca bir kor var.

Ateş Topu

Bir el dokunsa omzuma sensiz yalnızlığımda
sevinç çığlıkları atar mıyım?
kendi bozkırıma dönüyorum yeniden
sen sanıp ürperse tenim...
şarap dolu bir kadeh kadar yakın
bir yudum ses kadar uzak nefesin
buzlu sulara atıyorum kendimi
ateş topu ya bedenim...

Bu Nasıl Dünya?

Dudaklarım dokunduğunda tenine/ ürperten yalnızlık
titriyorsan ateşimdendir
uyandığında o kadın /sevda huzmesi bütün bedeni
gülüyorsam çocuk bakışlarımla
şehvetindendir.

Sadece gözlerimiz sevişti o gece
bu nasıl dünya?
bir yudum şarap, yoksa aşk mı dersin?
aşkı anlatıyor olmalı radyoda bir kadın şarkıcı
dili yabancı...
kasıklarıma inen ağrı sancılı bir yalnızlık
her yanım aşk salgısı ellerim bile üşüyor
"al ellerimi ellerim senin olsun
götür onu özleyenlere!"

Deli Yüreğim

Bu acıyı, yürek burkan bu sevdayı
bal rengi gözlerine banıyorum
insafa gelse de çözülse kuralların
(kurallara sığmaz aşk adı oysa)
aman bilmez bir zalimi sevdim
bir yudum kahve bu/acı bir aşk olur mu avuçlarımda
taş olsa parçalardım bu ateşle o yüreği...
geceler sığmıyor gözlerime
ve intihar ışıkları dans ediyor tavanda...

Neyleyim bütün kapılar açılsa da önümde
neyleyim kapalı durdukça gönül kapısı!...

Ve terk ediyorum bu kenti
arkamda ellerimle kanattığım
deli yüreğim.

Son Damla

Sevda bile son damlasına kadar olmalı
tadı başka son yudumun
çalmışsa yüreğini aşk
dinleme kimseyi seni götürdüğü yere git
kim ne derse desin
sen sev yeter ki
sevmeyen o olsun!

Dokunuş ve Dil Burması

Kendi ellerimle soysam üstündeki giysileri
buselere boğsam sonra / çığlıklarla örtsem
canım tenini...

Ellerimdeki ayaz yakıyor bütün bedenimi...

Boynunda nefes
dudaklarında ses
göğüs uçlarında dil buran bir dokunuş
ve histerik bir çığlık
saç tellerinde serinleten bir rüzgâr
uçsuz bucaksız bir deniz gözlerinde
yeniden boğulmak seninle
hem de kendi ellerimizle.

Sen gittin ya / ben de gidiyorum
aşk öksüzlüğe mahkûm
o kuğu boynunda nefesim yok ki!

Ankara Dolusu Bir Aileyiz

(Tekel işçilerine...)

Siz yokken hazanda savrulmuş
bir çay bahçesiydi sokaklar
ayyaş bir yalnızlık
siz yokken bir sonbahar hüznü
ta kendisi umutsuzluğun
yürek sızısı inceden
adlandıramadığımız bir korku seli
siz yokken kayıkçı dövüşü bir erk savaşı
sınıfından soyutlanmış
siz yokken kışta kalmış
öksüz bir sahildi yüreklerimiz
karanlık bir uğultu...
siz yokken çakal sürüsü sokaklar
belirsiz bir gelecek...

Sıyırıp attı hüznünü
işçiden onurdan esiyor artık Ankara sokakları
yarım kalmış bir şiirin ortasına
ne iyi ettiniz de geldiniz
bir aileyiz artık Ankara dolusu

Hoş geldiniz!...

Elim Kalkmaz Aşk Bu!

Bu sözler / bu kar kış
küt diye duruverse kalbim şu an
ağrısız sancısız
birlikte gitsem sevdamla / örselenmeden...
mahpushaneler gördüm
her çeşidini işkencenin
tuzu biberi hepsine verdiğin acı...
nasıl da kırıp parçaladın bir anda beni
elim kalkmaz aşk bu
dilim varmaz kanar yaram
incinsem de incitemem
gardı düşmüş bir boksör misali
ringin orta yerinde sere serpe
aşk mağlubuyum...

Aldanmışım

İçime kanıyorum durmadan
aşk mıdır her şeyi kabullenmek
bir güzelin gülüşü yüzünden?
şiirler yazdım / aldanmışım
ondan değilmiş bunca berceste mısra
bendeki aşkmış şiir yazdıran...

Koynunda Uyut Beni

Bir uçurum şimdi senin bütün sözlerin
düşüyorum tut beni...
öksüz ve yetim bir çocuk, yalın ayak
karda çırçıplak, salya sümük

Ateşlere atıyor çocuğunu bir ana / bu nasıl dünya?

Göğsüne bas sımsıcak bu bedeni
çözülsün bütün buzlarım...
korkularımı dindir, ağrısız acısız olsun ölümüm
koynunda uyut beni.

Adı Quantra*

Rüyalarımda bile görmüyorum artık
doğduğum o köy evini
ilk göz ağrısı gençliğimin...
içimde bir çocuk büyüyor; adı Quantra
örselenmiş her bir yanı
omuriliği paramparça...
oğlumu arıyorum quantra sokaklarında
bir ölü kent bu, yanmış yıkılmış dolaştığım sokaklar
"ölü ya da diri!" diyemiyorum
ölü ya da diri
yıllardır gözetliyor bu kenti Golan tepeleri...

Barış adı onlarla başlardı:
çocuklarla...
Gazze kan ağlıyor ama vaveylası az
yıkıntılar arasında çocuk başları
yani geleceğimiz...

Anadolu'da bir bozkır kasabasına girer gibi girdik
Cilvegöz kapısından
yeşerir mi bilinmez, bir zeytin fidanı diktim
Quantra'nın yanı başına...
bir ıslık ötemde filistin
çocukluğumu arıyorum Gazze sokaklarında...
bütün aşklarımı /çocuklarımı
yani geleceğimi geride bırakarak giriyorum
Gazze sokaklarına...
iki çocuğum oldu dünya güzeli:
birinin adı Gazze direniş doğurmaya gebe
iğdiş edilmiş Quantra diğeri!

*

(Quantra, Suriye'de İsrail tarafından taş taş üzerinde bırakılmayarak yerle bir edilmiş bir kasabanın adı...)

Ses Ver

Canımsın candan başka
içimde gizlerim seni / söyleyemem
nazara gelme / nazar değmesin diye.

Sesin ışığım olur / sanki tan yeri
uzat ellerini, ses ver
ne kadar sınanır ki daha bu yürek
sesin sesim olsun, gözlerime renk...
direndi, yoksaydı bütün kuralları / seni sevdi ya!
oy benim akılsız başım, deli sevdam
(aşk'ta akıl arayana şaşmalı hep!)
dostluklarım da oldu benim bu acılı-sancılı dünyada
ağladığım da gözyaşım gözyaşları
kahkahaya dönüştürdük birlikte bu dünyayı
ele avuca gelmez çocukluğumuzla...

Öpücüklere Boğalım Birbirimizi

Bana berceste mısralar yazdıran güzel
sen hiç sevilmeden seven oldun mu?
bir gülümseme, bir söz, kendine bile ketum
ellerim hep boşlukta
sallanır buz tutmuşluğuyla
bir damla gözyaşı gibi
benim olan ve reddedemediğim...
sen hiç bal rengi sevdaları basıp yüreğine
ellerin
anne elinden yoksun bir çocuk gibi
yalın ayak per-perişan rüzgâra verdin mi yüzünü?
sen hiç "öptüm ya kuğu güzeli boynundan
ölsem de gam yemem" diyerek
yüz geri ve kapı dışarı
boşluğa düşen pelte gibi bir yürek
ellerinden oldun mu?
meydanlar dolusu ve tek yürekken insanlar
yalnızlığında boğulup
dipsiz uykulara daldın mı?
kanıyor şimdi diğer yarım kalan hikâyelere küserek
öpücüklere boğalım birbirimizi
aşk kısa
sarmadan kurtçuklar bedenlerimizi...

Gecede Yakamoz

Denizi / bir de seni özledim
biraz tuz
üstüne yakamozlu geceler
yakıp dağlıyor tuz yaralarımı
sevdayı çoğaltıyor yakamozlu geceler...

Yıldızlı Yumruklar

Sokaklara güven / meydanların cesaretine hep
örgütlü gücüne
boşluğu döven sıkılı yumrukların...

Mendilim ve Acılar

Bu deli divane
kıpır kıpır yüreği yerinden söküp alan ne?
mendilime sarıyorum acılarımı
bir ömür cebimde taşımak için
şarap dem tutar aşk için, tortusu kendi içinde.
yüreğimde ince bir sızısın
cehennem kadar ağır senin bütün sözlerin
(devam et duvarlarını örmeye)
çekip alamadığım...
buzlu dağlardan geçiyorum ayaklarım bir tutam bulut
uçurum her yanım, ellerim bile...
düşmesin cebimde taşıdığım acılarım
ellerimden tut.

Mozaik Taşında Küllenen Aşk

Bir güzellemenin adıdır Antakya güzelleriyle
bir güzellemenin adıdır bende gülüşü kalan
salın da gel olur ince beliyle
imgesi şelale sularına karışan
salınır gelir başköşeme oturur bir gülümseme
içimi soğutan...

Şair olup şiir yazdığımı söylesem sana, utanırım
ne güzel güldüğünü söylesem bin kütlü tarihinle sana
sen utanırsın...
mozaik taşında küllenmiş yaralarım ve
yeşilin her tonu benim adım
Asi ırmağı gibi ağzım
her an yatak değiştirmeye hazır mısralarımla
gül, hasret ve şarap kokuyor imgesinde
uykuya yatmış şiirlerim...

Adını ünlesem dilim bir ahenk atı
yüreğim kafeslere konmuş serçe yüreği...
adını ünlesem liseli sevgilim olursun
yaşımı unuturum
bir dolmuşta sözcükler kifayetsizce parçalanır
önümde oturursun...

Bir güzel tanıdım inan,
onun kadar güzel değilsin sen Antakya
adını sen koy
sesi yüreğimi, gülüşü içimi soğutur
şelale suları gibi her taşta seken sesi
tenimde bir ürperti
gülüşünü senden almış olmalı Antakya
bin kültlü ve kırılgan...

Onu, liseli sevgilimi ve gülüşünü sende bırakıyorum...
kaşınmayan yaralarıma çöp dürtme
kanarsa durduramam
dilenci yüreğim sarhoş, bir koşu ayıkır mıyım?
gelirse reddedemem liseli çağlarımı
terminal bomboş!

Gördüm onu geldi Antakya / güldü
deli bir ırmak gibi aktı,
küskünlüğümü süpüren asi gibi
tuttum mu ellerinden, öptüm mü onu?
anımsamıyorum
ama gülüşü bende kaldı...

Bir güzellemenin adısın sen ah!
her dönen tekerde hasretin büyür
göz kapaklarım iner gülüşünün üstüne ve
kafeste bir hasret durur.

Ölüm Yeşil Bir Yaprak

Sesin telefonda bir kar kış, bir serzeniş
bir kurşun gibi deldi geçti
beyin ölümü bu / gerçekleşti
sızlamayacaksa yüreğin
dalından düşen yeşil bir yaprak / baharı yaşamadan
çek fişi...
ezilen bir yaprak hışırtısıyım ayaklarında
uzat ellerini aşk sarhoşluğuma
ellerinden öleyim...

Mahpusun Olayım

Gözlerin...
gözlerine al beni
kapat gözkapaklarını mahpusun olayım senin...
her çiçekten bal toplayan arı değilim ben
sevemem hiç kimseyi seni sevdiğim gibi...
akıtma n'olur gözyaşlarını
içime düşen bir top ateş, dağlar her yanımı
arım da sensin benim
balım, çiçeğim de...

Berkin Uyan!

Bekleriz ellerimiz bizim değil,
aylar oldu ah asırlar gibi
aç gözlerini çocuk sevinçlere boğ bizi
emekten, mazlumdan esiyor rüzgâr
dudaklarına konan kelebek kanat çırpar ellerimizde...

Riyakâr bir dünya yaşadığımız, arsızlar hükümranlığı
kum tanecikleri, ele avuca sığmaz çocuklarımız,
akar mazlumdan yana
ince bir sızısın ufukta, ha gayret göz kapakların
aç gözlerini, n'olur aç çocuk!

Nice yıllar gör, taze ekmek kokusu
doyasıya özgürlükler iç çocuk!
uykulara daldın, uçsuz bucaksız sevdalara
yorgun bir bulut gibi yağ üstümüze
serinlet umutlarımızı
uyan ey çocuk!

Anla nasıl bir dünya yaşadığımız
çocuklarını yiyor utanmaz anaçlığıyla...
nasıl da özledik seni, dipsiz uykulardan uyan
uyan be çocuk!

Sayıklama...

Ellerim ellerinde hep bir kuş yuvası
cehennem gibi gözlerin olmadan bu dünya
elbet saracak o sıcaklık bir gün ikimizi de...

Bir Damla Gözyaşı Kumaştaki!

Bir yaprak düşer dalından, insan için ne ki
bir damla gözyaşı kumaşta iz bırakan
yürekteki nafile
kırılan bir kalp/usulca soğuması gönlümün
eriyor usul usul gözbebeklerime yerleşen siluetin
her yer hazan / yaprak dökümü her yer
kendini çürütüyor olsa da hayat...
her gün bir başka hançer yüreğimdeki...

Giden dostlara şarap içme zamanı şimdi
kekre tatlarda özlemle yad etmek onları...

Birdenbire yüksek hızla geldiler
amerikan uşakları kapitalizme teşne / dindardılar.
yüksek hızlı trenler kadar yüksek hızla
yasal zemin hazırladılar.
götürdüler her şeyi yüksek hızla
yetim hakkı, kul hakkı demeden...

Ölmüş annemin memesini emmişim ben
dinsin diye gözyaşlarım
ondandır hep / düşenlere ağlayan bu gözler
bu sayrıl ateş...

Canımdan İçre

Günaydın gecenin mavisi, gündüzün mağruruna
günaydın ay yüzlü gülümsemelere

Günaydın sana / beni benden alana
günaydın canımdan içre olana...

Gölgemde Boğuldun

Sonsuzluğu tatmak istedim sende adın mavi
sustun boyun büktün siyaha kesti bedenim
yalnız kaldım.
öyle çok eğildim ki üzerine
gölgemde boğuldun...

İçinde fırtınalar koparamamanın ayıbı bendeki
duygu yokluğu
ötesi ne ki!

İntiharım olur her gün göz göze gelmek seninle
sevmek seni sen yanımda olmadan
özlemek seni ölesiye / ölmemek sensizlikte...

Bulutlandı her yanım güneşim sende kaldı
adını ünler her an hastalıklı bu dilim
git! bütün sevdalar sana çıkıyor
ve bütün gözyaşları senin adın!

Adını sildim bugün bütün kayıtlarımdan
bir damla gözyaşı / içim acıdı
iz bırakır düştüğü yerde
en güzel aşk şarkıları yazılır gidene oysa...

Uykulara sığınır oldum günlerdir
yok etmek için gözlerimi teslim alan siluetini
bir bilsen oysa, sessizce çekildin,
içimdeki depremi
gidişin ölüm gibi...

Çağrıldığında gelme yaralarım kanar
bir söz / bir yudum gülümseme
beni benden alır / yıllar önceye gider bu gönül...

Ölesiye Bir Kış

Dokunsam ölesiye bir kış gözlerin
dokunsam ağlamaklı bütün şehir
ah! dokunsam ellerin ellerim değil
gözlerinden akan yaş
beni yaslara boğan koca bir nehir...

Kaşları Kartal Kanadı

Dünyanın en güzel cemresisin sen toprağa düşen
kartal kaşlı sevda gülüşlü çocuk
gözlerin denizim oldu / sende boğuldu bu ülke
ah! çözülürüm yutkunabilsem bir /
bütün acılar boğazımda...

Hazan ey sevgili tut ellerimi bırakma beni n'olur
her yan yaprak dökümü, her yer sonbahar
yüreğimde kanatları buzdan / ölü bir kuş var...

(Koşarken pervane hızı ayaklarım...
ah! anne canım acıyor...
kapaklanıyorum ansızın yüzükoyun yere,
bütün dünya bana ağlıyor...)

Kollarımda Berkin ah!
dünya güzeli gülüşünü İsmail'den almış
çocukluktan gençliğe evirilen
bir deri bir kemik lime lime etleri
on beşinde olan hep
hiç büyüyemeyecek
Berkin n'olur uyan!

Şunu bil ki ey kibir:
öldürüldükçe çocuklarımız tükeneceksin sen de
bir kibir ki su taşıyanlar utansın
bir kibir ki öldürülen çocuk
on beşin de hem de...

Henüz uçmaya hazırlanıyordu / kanatları pamuktan
soğuk demir tadında toprak
ah! on beşinde bir fidan, berkin elvan!

Sıcak... sıcacık yataklardı düşlerinde ısındığı
demir tadında bir soğuk inadına toprak
ona göre değil mezarlar / üşür / o daha çocuk...

Dünyanın en güzel gülümsemesi dudaklarında
adı İsmail
onun bize verdiği acı
ağrısı yürek paralar ana kuzusu
silueti asılı döndüğümüz her yerde
onun bize verdiği acı tarifi yok bütün dillerde...

Şunu bil ki ey kibir: tükenirsin günbegün
öldürüldükçe çocuklarımız...
genç kalacak onlar / isyan besleyecek inadına
bizim çocuklarımız
özgürlük adına...

Soma'ya

Bugün de uykusuz kalacak göz kapaklarım
açarsan namertsin kapılarını
bugün de ağıttan buz kesecek Soma
bugünden sonra büyümeyecek artık
güneşi göremeyecek on beşinde hem de
bir delikanlı...

Er ya da geç ümit tükenecek
gerçek olacak ölümlerimiz.
er ya da geç elbet bir gün
bizim de günümüz gelecek.

Fıtratımız

"Fıtratımız buydu" tanrı da görmedi
sen gittin
bir ateş topu şimdi kondumuzun ortası.

Anan saçlarını yoluyor.
(memelerim sütsüz kaldı
oğlumuz öksüz
bir gölge gibi sessiz / erken büyüyor çocuklarımız
yazgımız aynı
yansaydım keşke senin yerine...)

Saçlarını yolmazdı anan
her yan yanık ten kokusu!

Yine

O kadar bekledim
boş ver şiiri / bir dize bile olmazsın.
o kadar bekledim
bir seher vakti herkes geldi
ama sendin beklediğim
yine gelmedin...

Bir Ömür

Kelebek olsam su içsem pınarlarından
ıslansa kanatlarım / bir günlük ömür işte
sen yanımda olsan
öpüp koklasam bir ömür

Ömür dediğin ne ki?

Yol Yakınken

Kirli çizmeleri / dinmeyen öfkeleriyle
yürüdü yürüyecek hürriyet
bak gidişat iyi değil!
ölüm acısına bile tokat atan ceberut surat
yol yakınken intihar et!

Bir sınıf intihar eder
ve oradan devrime gidilir!

O Dile Kurban

Aniden kar kış gibi, bahar gibi, kış ortasında birden
bir dilber ki ben aşktan tarumar
sen bir dil-i ruba
ben ki o dile kurban...

Gencecik İnsanlar

Kim bu düşman / neden savaşırız
nedenini bilmeden?...
analar saçlarını yolar / gencecik insanlar
nedensiz ve acımasız öldürülürken...

Aynalar Kapkara

İnsan hep acılarıyla insan
acılarla sınanırız bütün bir âlem
yaşatansa bu acıları bizlere / ortaçağdan günümüze
aynalara bile küs bir mahluk
aynalar bile kapkara...

Sen tortu olamazsan şarap içinde
şarap olmaz oysa
içtiğin sirke.

Aşk ağlatmazsa âşığını
aşk değildir o gerçekte...

Tarık Akan'a...

Akıp gittin işte
bir yudum su ömür dediğin
ıslatır düştüğü yeri...
bir yudum bile olsa...

Çalakalem Yazdıklarım

(Sayıklamalar)

Sen yaşarken ölüm yok
çaldığındaysa ölüm kapını / sen yoksun zaten
bıyık bırakacağına
onur bırak çocuklarına
hem de yaşarken...

Öldüğün tarih içimdeki bugündü
bu senin yerin
bugündü öldüğün tarih
senin eserin...

Çekip gittik ikimiz de ters yönlere
önümüzde duran aşktı oysa
hülyaların vardı kalem kırmaktan öte aşka
onulmaz bir yastayım şimdi
kedileri bile kurşunlanmış bu sokakta...

Karaya vuruyor çocuklarımız balık yerine
ölü ama mülteci bile olamadan...

Sen Gitme

Sen gittin... kuşlar da gitti
yanmış yıkılmış bir kent
boylu boyunca bir kadın sokakta
çığlığına kurşun sıkılmış...
sen gittin... herkes gitti...
korku bile terk etti bu kenti
oluk oluk anaların gözyaşları / yağmurlar hak getire...

Herkes gitsin/ kuşlar bile...
yeter ki sen gitme...

Şu an orada bir çocuk daha öldürüldü
oyun sanırdı oysa savaşı
kan ağladı doğurgan bütün anaların yüreği
şu an orada
buzdolabında soğuyor ölü bir çocuk...
sağır sultan her duvar anasının başını vurduğu
sır vermez gök gürültüsü...

Mağduru oynuyor katiller
baş sağlığı dilensin istiyorlar kendilerine...
bizim çocuklarımız katledilenler oysa!

Bir Çocuk Daha...

Sen öylesine sallarken koca kıçını
sarımsak kokulu meyhanelerde
bir çocuk daha öldürüldü
bağırsan duyulmaz sağır sultan diyarlarda
anası...
ah insanlık!
koyamadı çocuğunu mezara da
yüreğiyle soğuttu kokmasın diye...

Sen öylesine sarhoş kendi halinde
bir başına içerken geçmişini
bir çocuk vuruyor sahile ölü
kulaç atarken geleceğe
kayıveriyor derya denize / ah!
kudretli kollarından
babasının hem de...

Güzel kokardı hep / burcu burcu
cemile çocuk annesine...
buzdolabına koydu ölüm koksun istemezdi
çocuğuydu o
günlerce bekledi elleri bile kendisine yabancı
kokularını özleyerek burcu burcu...

(Günü kotardığını sanan yüzsüzlere...
en ince tabir ile!)

Amaçsız bir sokak köpeği gibi yalanmaktasın
güç bu, bugün ona yarın başkasına...
oysa yıllarca besledik seni
yine de bizleri tanımamaktasın!...

Seni Böyle...

Seni böyle mahzun
seni böyle ay yüzlü
beklentilere gark eden ne?
seni böyle yalnız
seni böyle kırgın
gülüşlere terk eden ne?
seni böyle sarılası
hem de sımsıkı
eden ne?

Ne ki...

Bir damla gözyaşı ne ki
düştüğü yer kalpse yakar bedeni
ayrılık gibi
terk edilmek gibi
bir anda...

Deli Divane...

Sen gidersen kuşlar da gider
pır pır eden yüreğim küser
sen gidersen aşk sokaklara düşer
deli divane...

İkinizin de...

Seni arıyorum her akşam, aynı arzu / alkolde
alışkanlık böyle bir şey işte
böyle bir şey seni sevmek
doyumu yok tadınıza her ikinizin de...

Özgecan'a...

Ben bir "başka" canım artık
kendimden özge
ben bir başka canım artık
kadınlığım cinsel obje...

Sen yoktun / uzaktın asırlar gibi
özür dileme n'olur baba
çığlığımı boğdular
bir yol geçer hanı artık bu ülke
böyle ister muktedirler...

Lanetlenmiş bir çağ şimdi bizimkisi
bütün aynalarım kırıldı...
engizisyon bütün gövdem
kapkara bir görüntüyüm ben
ortaçağdan kalan...

Çocuklar Bile Kurban

Bahar bitti kar düştü toprağa
beyaz düşlerin üstünde kırmızı bir leke, kan!
bir korku...
irileşen gözleriyle çocuklarımız
bir korku ki artık çocuklar bile kurban!
düşlerimiz korku, kan
ve anadan üryan...
bir oyun bu, bir oyun ki
sen ve ben, hatta bütün dünya
bu oyunda figüran...

Yağmur yağdı geceye, gecede çığlık
yağmurlar da yıkamıyor artık kirlerimizi
bir garip uygarlık!

Asırlardır ağlıyor Filistin
kaç nesil çocuk intifada
kaç nesil çocuk ilkin taş'tı silahı
sonra general oldu...
ve sevgili, düşman başından uzak
çocuğumuzdu henüz on ikisinde
sırtından vuruldu...

Düşlerimizle oynuyorlar, geleceğimizle...
kastediyorlar çocuklarımıza bütün dünya arena...
bugün sana yarın bana ne fark eder
Uğur ya da Aleyna!

Kavganın Ortasında

"Barış hemen şimdi!" yazıyor üzerine örtülü bezde
kavgayı severiz oysa / mertçe olanını hem de...
öldürseniz de çocuklarımızı kalleşçe
kavganın içinde büyüdük biz dişe diş
göze göz
çırılçıplak ve mertçe!...

Gülmek ve Ağlamak

Çiçeklenmişti iğdeler sen geldin
gözlerin gözlerime değdi ilkin
şakıması gibiydi kekliklerin
öylesine güldün...

Ağlıyor oysa bu ülke
çocukları çalınmış geleceklerine
ağlıyor analar çocuklarına
her umut bir parmak bal dudaklarımızda...

Kaptansız da...

Dünya aynı dünya
zengin aynı zengin
parti aynı parti / lider aynı
ısıtılıyor suyumuz yavaş yavaş
oyunun adı demokrasi
ister oyna ister izle
gemi aynı gemi içinde yaşadığımız.

Önce fareler terk etsin lütfen
böyle de yüzer bu gemi
hem de kaptansız!

Bir Ömür On Dakika

Bir yıldız kayar ansızın
gecenin içinde kalakalırsın kalemin ve sen
saksıda uzamakta ısrarcı bir çiçek
açması ve kapanması on dakika / bir ömür
ne seni bilir
ne sensizliği...
ölüm bir evden diğerine
taşınmak gibidir bazen
seni alan o toprağın üstünde çiçekler açar
ve çocuklar halay çeker...

Bütün Zamanlar Adın Olurdu!

Sen sustuğunda bulvarlar sensiz olurdu
güldüğünde güller açardı her ağaç dalı...
bir şarkı tuttururdum makamı bende gizli
bütün şehir benim olurdu.
sokak lambaları çığlık çığlık
kirlerinden arınırdı sokaklar
hasret kokardı rüzgârda saçların...

Sen sustuğunda
bütün zamanlar adın olurdu
bombalar patlardı her yanımda
bütün şehir yerle bir olurdu.

Bir Deli Sensizlik...

Ben şimdi
elimde bir avuç yalnızlık çekip gitsem
ben şimdi
dilimde bir deli sensizlik seni terk etsem...

Çığlık attım / kimse duymasa bile
gökyüzünü kaplar sedası belki
uykularıma gömdüm seni
bir ömür hem de
unuturum belki diye...